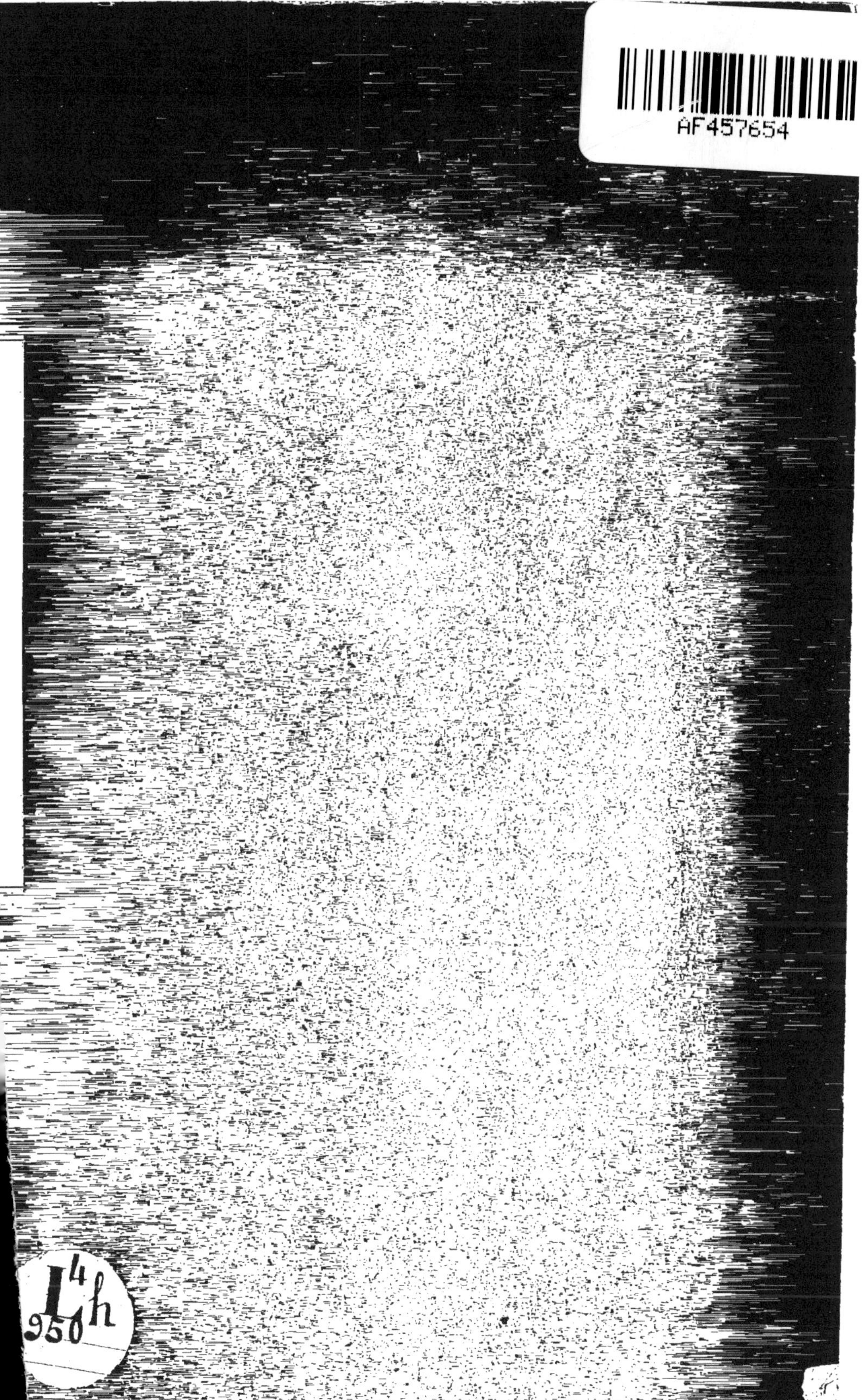

SOCIÉTÉ BRETONNE

D'ASSISTANCE AUX BLESSÉS ET AUX MALADES

PENDANT LE SIÉGE DE PARIS

COMPTE RENDU

DES

Opérations et de la Gestion financière du Comité d'administration

PARIS
IMPRIMERIE ADMINISTRATIVE DE PAUL DUPONT
41, RUE JEAN-JACQUES-ROUSSEAU, 41

1871

COMITÉ D'ADMINISTRATION DE LA SOCIÉTÉ BRETONNE

Finistère.	Le Mis de Ploeuc, *Président.* Le Prédour, *Secrétaire général.* Le D[r] L'Allour, *l'un des Vice-Présidents.*
Côtes-du-Nord. .	Le Breton. Urvoy. Bois-Martel.
Ille-et-Vilaine . .	Portier (Édouard). Beaufils. Loysel.
Morbihan	Le D[r] Le Maguet, *l'un des Vice-Présidents.* De Closmadeuc. Le Norcy.
Loire-Inférieure. .	Grellier, *Trésorier.* Le Dr Reliquet. Rincé.
Côtes-du-Nord. .	Le Coarer, *Secrétaire.*
Loire-Inférieure. .	Le Beau, *Secrétaire.*

COMPTE RENDU

DES

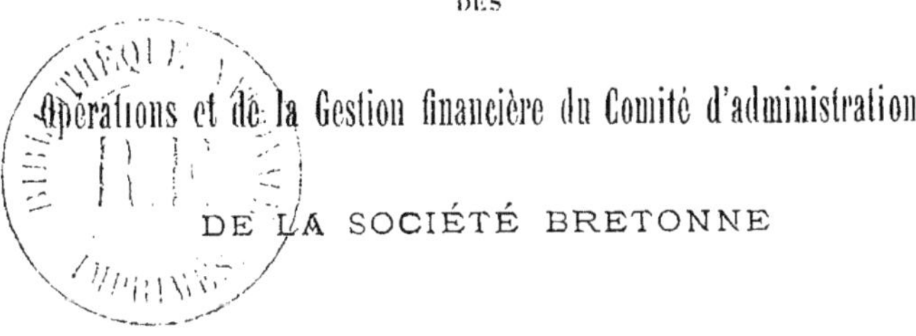

Opérations et de la Gestion financière du Comité d'administration

DE LA SOCIÉTÉ BRETONNE

Le comité d'administration de la Société bretonne d'assistance aux blessés et aux malades fondée à Paris pendant le siége avait résolu de réunir une dernière fois, en séance publique, les membres de l'Association et les donateurs étrangers à la Bretagne. — Dans cette réunion, le Comité aurait justifié de l'emploi des ressources mises à sa disposition et exposé l'ensemble des résultats obtenus depuis le jour de la constitution de l'œuvre jusqu'au moment où celle-ci devait naturellement prendre fin par suite du rétablissement des communications avec la province et du départ des derniers convalescents.

Les événements, dans leur succession lamentable, en ont autrement décidé.

A défaut de réunion publique, le Comité, en déposant aujourd'hui des fonctions dans lesquelles il s'est efforcé de justifier la confiance de ses mandants, vient soumettre à leur appréciation le résumé de ses actes.

Les développements qui suivent établiront les origines de l'Association bretonne, l'organisation et le fonctionnement de son service auprès des blessés et des malades; — ils permettront de juger des efforts accomplis en commun pour arriver au but proposé.

I

Origine, Organisation, Opérations de la Société.

Le 26 septembre 1870, quelques jours seulement après l'investissement de Paris par l'armée allemande, un certain nombre de personnes originaires des cinq départements de la Bretagne se réunissaient dans une des salles de l'hôtel de Rohan-Guéménée, place des Vosges, avec l'intention d'étudier les moyens de venir efficacement en aide aux Bretons qui prenaient part aux opérations du siége.

La Bretagne avait en effet envoyé presque tous ses mobiles pour la défense de Paris. — L'armée régulière, la marine, les corps francs, les douaniers et forestiers, la garde nationale comptaient dans leurs rangs beaucoup de nos compatriotes.

Le nombre des blessés et des malades augmentait chaque jour. — Combien parmi eux, malheureusement étrangers encore à la langue française (1), se trouvaient réellement perdus dans les nombreuses ambulances (2) qui s'ouvraient de toutes parts dans Paris, étendant un immense velum à la croix de Genève sur cette ville où les obus prussiens ne surent respecter ni les hôpitaux ni les asiles de l'enfance ou de la vieillesse !

La France, a-t-on dit, est le seul pays où une idée généreuse ne reste jamais stérile et trouve immédiatement un écho dans les cœurs ! Organiser en faveur des combattants bretons, blessés ou malades, une *assistance morale,* maté-

---

(1) On évaluait à huit mille environ le nombre des mobiles bretons ne parlant pas la langue française.

(2) 1,321 ambulances, d'après le livret officiel publié en décembre 1870 par la ville de Paris.

rielle même, si cela était possible; — établir avec eux des relations suivies; — renouer ainsi le lien des affections et des souvenirs du pays dont un blocus rigoureux les tenait éloignés : telles furent les résolutions adoptées dans cette première séance et confirmées dans une réunion qui la suivit de trois jours, le 29 septembre 1870.

Un Comité provisoire composé de deux représentants de chaque département avait été aussitôt constitué. — Des dons empressés mettaient déjà quelques ressources à sa disposition. — La Société commençait son œuvre.

Elle se constitua définitivement le 9 octobre 1870, dans une réunion tenue à la Sorbonne, salle Gerson, où fut élu un comité définitif de trois membres par département, et où furent adoptés les statuts de l'Association.

Répondant aux appels qu'à deux reprises différentes le Comité fit placarder dans Paris ou distribuer à domicile, les sociétaires, divisés en membres fondateurs ou membres adhérents, selon la quotité de leur cotisation, donnèrent rapidement au Comité les moyens matériels de fonctionner. — Beaucoup d'entre eux ont fréquemment renouvelé leurs offrandes.

Dans deux autres réunions publiques convoquées le 6 novembre et le 18 décembre 1870, le Comité s'est fait un devoir de tenir ses commettants au courant de ses actes et de tout ce qui intéressait la Société; de solliciter leur approbation pour les mesures auxquelles il s'était arrêté ou se proposait de recourir.

L'expérience avait rapidement conduit à organiser le service de la manière suivante qui avait paru la plus efficace (1):

---

(1) *Extrait des instructions adressées aux membres visiteurs de la Société bretonne.*

Le Comité breton recommande particulièrement à chaque membre visiteur :

1° De se présenter dans les ambulances vers le milieu de la journée autant que

Des membres visiteurs, choisis parmi des hommes et des femmes de bonne volonté, s'étaient répartis entre les vingt

---

possible, afin de ne pas gêner le service des pansements ou des visites médicales.

. . . .

3° De signaler *par urgence*, au président ou au secrétaire général du Comité, les Bretons qui ne parlent pas le français et pour lesquels il serait nécessaire d'avoir un interprète ;

4° De donner avis des demandes faites par les blessés ou malades à l'effet d'obtenir leur transfert dans une autre ambulance, en indiquant le motif de cette demande (*convenances personnelles, etc., etc.*) ; de faire connaître également la nécessité de ce changement lorsque, par exemple, un Breton ne parlant pas le français se trouve seul dans une ambulance ;

5° De se mettre en communication avec chaque Breton pour soutenir ou relever son moral, lui prodiguer des encouragements ou des consolations, solliciter sa confiance, lui faire voir qu'il n'est pas abandonné à Paris, et que s'il est séparé momentanément de ses frères d'armes, il trouve ici des compatriotes s'intéressant à lui et cherchant à remplacer les affections dont il est privé.

Dans cet ordre d'idées, le visiteur s'efforcera de savoir du malade quelle est sa situation de famille ; s'il est marié ; s'il a laissé de vieux parents ; si sa famille est dans le besoin ; s'il y a intérêt à envoyer aux siens une petite somme d'argent ; s'il a écrit à sa famille ; et dans le cas où il ne saurait pas écrire, s'il désire qu'on écrive pour lui (ce que le visiteur est prié de faire autant que possible devant l'intéressé).

Si plusieurs Bretons appartenant à la même commune se trouvent présents dans une ambulance ou des ambulances à proximité les unes des autres, le membre visiteur pourrait ne faire qu'une seule lettre pour tous et l'adresser au maire avec prière de répartir les renseignements entre les familles.

Le visiteur s'appliquera à faire connaître aux Bretons si dans les ambulances voisines se trouvent des hommes appartenant à la même commune, au même régiment, au même bataillon de mobiles, etc. Il cherchera à obtenir les facilités désirables pour qu'un échange de visites puisse s'établir entre eux ; cette mesure a déjà produit de très-heureuses influences sur le moral des convalescents ;

6° En ce qui concerne particulièrement les blessés ou malades, le visiteur recherchera s'ils ont besoin de certains objets ou adoucissements matériels tels que chocolat, confitures, tabac, timbres-poste, papier, livres, argent de poche (surtout au moment de la sortie de l'ambulance), etc.

Le visiteur est autorisé à acheter directement des jeux divers, pour le cas où quelques convalescents réunis dans la même salle paraîtraient manquer de moyens de distractions.

A cette occasion, le Comité prie instamment chaque visiteur de ne pas s'enquérir *publiquement* des besoins personnels des Bretons et de les prendre à part pour leur remettre les dons en argent et en nature dont il est question ci-dessus.

arrondissements de Paris. — Accrédités par des cartes spéciales qui, peu après, dans des jours néfastes, devaient devenir des titres de proscription, ils ont visité sans relâche les hôpitaux et ambulances des quartiers qu'ils avaient choisis ou qui leur étaient assignés.

Toute nouvelle entrée leur était signalée au moyen de lettres imprimées qu'ils déposaient dans les ambulances. Ils ont pu ainsi étendre leur action bienfaisante et distribuer judicieusement les ressources en argent ou en nature qui leur étaient délivrées par le trésorier de la Société. Les pe-

---

Il importe beaucoup de ne faire naître aucun sentiment d'amertume ou de regret dans l'esprit de blessés voisins, originaires d'autres provinces et qui ne seraient point l'objet d'une égale sollicitude de la part de leurs compatriotes. Ces blessés appartiennent à la grande famille française, et la Société voudrait pouvoir s'occuper d'eux à ce titre. Aussi ne verrait-elle qu'avantage à ce que les visiteurs, en donnant des jeux, livres ou autres objets d'un usage général, voulussent bien indiquer que ce n'est point pour servir exclusivement à nos compatriotes, mais qu'ils doivent être mis à la disposition de tous les malades soignés dans l'ambulance ;

7º Le Comité recommande, en outre, de s'informer si les Bretons ont besoin de recevoir soit immédiatement, soit pour le jour de leur sortie définitive, des chaussettes, caleçons, gilets de tricots, gilets de flanelle, etc.;

8º Les visiteurs n'omettront pas de signaler aux Bretons blessés qu'il est de leur intérêt personnel ou de celui de leurs familles de faire constater la nature de leurs blessures au moyen de certificats délivrés par les médecins traitants. Ces pièces sont indispensables pour justifier des droits à la pension, obtenir des emplois, etc., etc.

Dans tous les cas, le décès d'un Breton doit être signalé par urgence afin que le président puisse aviser à désigner un ou plusieurs membres de l'Association pour accompagner le défunt à sa dernière demeure et prendre note du cimetière où le corps a été inhumé. Ces pieuses indications seront ultérieurement transmises aux familles par les soins de l'Association ;

12º La Société attache un grand intérêt à conserver les objets à usage personnel qui ont appartenu à ses compatriotes décédés dans les ambulances ; elle se propose de les envoyer plus tard aux familles pour qui ces objets deviennent de précieux souvenirs d'affection.

Les membres visiteurs sont donc priés de s'entendre avec les directeurs d'ambulances pour obtenir que, le cas échéant, on mette de côté les vêtements civils, montres, bijoux, couteaux, pipes, miroirs, portefeuilles, lettres reçues, portraits-cartes, objets de religion qui ne sont pas laissés sur le corps du défunt, etc.

tites avances qu'ils se trouvaient chaque jour dans l'obligation d'effectuer leur étaient remboursées sur bons visés du président.

Une instruction imprimée, publiée par le Comité, le 5 octobre 1870, dans laquelle se trouvaient reproduits tous les enseignements de l'expérience et qui contenait en outre les recommandations les plus minutieuses, avait d'ailleurs été remise à tous les visiteurs, en même temps qu'un livret officiel des ambulances particulières de Paris, pour leur servir de guide et faciliter leur tâche.

Chaque samedi, ils adressaient au président des états récapitulatifs de leurs visites de la semaine, signalant les besoins des hommes assistés, donnant des indications très-détaillées sur ces hommes, sur leur situation de famille, sur les misères laissées au foyer breton et que la Société avait l'espoir de soulager un jour.

Ces renseignements ont été reportés sur des cartons individuels classés par département. Ce sont de précieuses archives pour la Société. Ils constatent que près de cinq mille (1) Bretons appartenant à toutes les armes ont été visités, assistés et consolés par la Société pendant le siége de Paris. Bien d'autres, malheureusement, atteints par la maladie ou le feu de l'ennemi, ont échappé à la sollicitude de nos visiteurs.

De son côté, le Comité se réunissait chaque semaine chez le président pour s'occuper des intérêts de l'Association, décider des achats à faire, prendre les résolutions auxquelles pouvait donner lieu la correspondance des visiteurs.

Le Comité s'était assuré le concours de personnes dévouées,

(1) Ce chiffre est même un minimum. Plusieurs membres, visiteurs ou autres, disposant d'une fortune considérable, ont assisté directement plus d'un millier de nos compatriotes, consacrant libéralement à cette œuvre des sommes importantes.

En outre, le Comité des dames bretonnes est venu directement en aide à *trois mille* Bretons environ.

parlant le breton et qui remplissaient les fonctions d'interprètes, parcourant tout Paris avec une abnégation infatigable (1).

Enfin, plusieurs ecclésiastiques à qui la langue bretonne était également familière, s'étaient mis avec empressement à la disposition du Comité, portant à nos compatriotes les consolations de la religion, relevant le moral des blessés ou des malades, après les avoir souvent électrisés par leur intrépidité et leur courage sur le champ de bataille.

Tel a été jusqu'au dernier jour le fonctionnement aussi simplifié que possible de l'Association bretonne. Il ne suffit pas toujours de bien faire ; il faut faire vite et à propos. Ce résultat si rare, l'Association croit y être arrivée dès les premiers jours, grâce au zèle et au dévouement de tous.

C'est surtout aux membres *visiteurs* et *interprètes* que revient l'honneur du bien accompli au nom de la Société bretonne. Le Comité le proclame bien haut, et il est à l'aise pour leur donner ici les éloges qui leur sont dus. Que son témoignage, que sa gratitude viennent compléter, s'il est possible, la récompense qu'ils ont déjà trouvée dans leur conscience et dans les manifestations reconnaissantes de ceux qu'ils ont assistés.

Rien ne les a arrêtés dans l'accomplissement de leur mission volontaire : ni les froids les plus rigoureux, ni les fatigues, ni les dangers de ce séjour dans des salles où régnaient souvent les influences les plus délétères. L'un d'eux a payé

---

(1) Les membres *visiteurs* et *interprètes* de la Société bretonne se rendent fréquemment auprès des malades et des blessés bretons, particulièrement de ceux qui ne parlent pas le français, combattant ainsi les funestes effets de l'isolement, leur prodiguant des consolations, se préoccupant de leur bien-être et de leurs besoins et leur donnant les adoucissements qu'ils seraient dans l'impossibilité de se procurer eux-mêmes.

Étendant plus loin sa sollicitude, la Société bretonne prend des mesures pour que les derniers devoirs soient convenablement rendus à ceux de ses protégés qui viennent à succomber. (Le journal *le Français*, 11 novembre 1870.)

de sa vie son dévouement. Plusieurs autres, après avoir contracté ainsi des maladies épidémiques, alors presque toujours mortelles, n'ont pas hésité, à peine guéris, à reprendre le cours de leurs visites, prodiguant à nos compatriotes les soins les plus assidus avec cette délicatesse, cette intuition du cœur humain qui distingueront toujours la charité française prise dans son acception la plus élevée.

Nos visiteurs et interprètes ont eu la contagion du bien. Devant ce grand exemple, l'esprit se raffermit dans cette pensée que, malgré les plus sinistres manifestations, la gangrène n'a pas encore envahi et n'envahira jamais le véritable cœur de notre patrie.

Conformément aux instructions du Comité, un grand nombre de souvenirs d'affection, de menus objets ayant appartenu aux Bretons que la mort frappait dans les hôpitaux et ambulances, ont été soigneusement recueillis par les visiteurs. Ces objets ont été envoyés aux familles, en même temps qu'étaient communiqués aux intéressés les détails consignés sur nos fiches individuelles et relatifs aux blessures, maladies, circonstances de la mort, etc., de tous les militaires bretons assistés par nos visiteurs jusqu'à leurs derniers moments.

De nombreuses lettres parvenues au président du Comité témoignent de la reconnaissance des familles pour cette intervention de la Société bretonne.

Nous n'avons point à entrer ici dans des détails sur les résultats obtenus par le Comité des dames bretonnes, qui nous a apporté le puissant concours de l'ingénieux dévouement, de la charité affectueuse dont les femmes ont le secret. Mais, sans être en mesure de donner ici des chiffres exacts, nous avons la satisfaction de pouvoir faire connaître que les importantes ressources *en argent et en nature*, réunies par le Comité des dames, lui ont permis de contribuer à soulager efficacement, de son côté, les souffrances d'un très-grand nombre de nos compatriotes.

La présence des Bretons dans les rangs des défenseurs de Paris, le courage de nos mobiles, cette originalité que la légende prête au pays de Bretagne, devaient solliciter les poëtes et les littérateurs. Qui de vous n'a lu cette pièce de vers si touchante : la *Lettre d'un mobile breton*, de F. Coppée ?

L'Association bretonne a participé à ce mouvement des esprits. — A la réunion publique du 9 octobre 1870, vous avez entendu lire par l'auteur, aux applaudissements unanimes, une ballade intitulée « *le Breton au siége de Paris*, » pure inspiration d'un ardent patriotisme et de la poésie la plus élevée. — Cette ballade dont nous rappellerons plus loin l'action efficace pour les ressources de la Société a été reproduite avec éloges dans la plupart des journaux de Paris.

Plus tard, un de nos sociétaires, dame et poëte, a fait paraître et dédié à l'Association une « *Réponse à la lettre d'un mobile breton* (1). »

Et, puisque nous parlons de la presse, elle voudra bien permettre au Comité de la remercier de son concours empressé et de ses appréciations bienveillantes pour notre œuvre et surtout pour nos compatriotes. C'est grâce à elle que de modestes héros, simplement satisfaits du devoir accompli ont été tirés de l'obscurité, recevant ainsi aux yeux de ce monde enfermé dans les murs de Paris une première récompense de leur courage.

Le Comité accomplit aussi un rigoureux devoir en renouvelant publiquement les remercîments chaleureux que méritent d'abord les grandes Sociétés de secours, devenues des sœurs pour l'Association bretonne ; que méritent également les personnes étrangères à la Bretagne qui nous ont témoigné leur sympathie par leurs dons en argent et en

(1) Cette dame sociétaire a fait don à l'Association bretonne d'un assez grand nombre de livres qui ont été répartis dans les ambulances pour les Bretons convalescents.

nature ; les médecins et chirurgiens, directeurs et directrices d'ambulance, infirmiers, etc., qui s'attachaient si volontiers aux Bretons, les soignaient avec une attention de tous les instants, appréciant leur douceur, leur stoïcisme devant les souffrances les plus aiguës, leur résignation chrétienne au moment de la mort.

Ces remercîments s'adressent au clergé des paroisses où nos compatriotes professant la religion catholique ont toujours reçu gratuitement les derniers devoirs. — Les vénérables curés de ces paroisses, et en particulier l'un d'eux, martyr des tourmentes révolutionnaires, se faisaient un devoir et un honneur de donner eux-mêmes aux Bretons l'adieu de paix et d'espérance qui accompagne les dépouilles mortelles, lorsqu'elles passent une dernière fois le seuil du temple.

Nous devons enfin le témoignage de notre gratitude aux ministres et aux dames infirmières des ambulances du culte réformé. — C'est dans l'une de ces ambulances que nous a été donné l'exemple de véritable charité chrétienne et de respect de la liberté de conscience auquel faisait allusion le rapport lu au nom du Comité dans la réunion publique du 18 décembre 1870 (1).

II

Des Recettes.

Ainsi que l'indique le tableau A annexé au présent rapport, les recettes de l'Association se sont élevées à la somme de 10,323 fr. 95 c. (2).

---

(1) Dans une ambulance du culte réformé, on est allé au-devant des vœux d'un de nos compatriotes, grièvement blessé à Champigny, en lui procurant à temps les consolations suprêmes de la religion catholique. Bien plus, l'ambulance a voulu supporter seule les frais de l'inhumation, et tout le personnel a accompagné le défunt à l'église et au champ du repos.

(2) Une somme à peu près égale a été recueillie et distribuée par le Comité des

Elles représentent les versements de trois cents membres fondateurs répartis entre leurs départements d'origine ; — les versemens individuels effectués par les membres adhérents ou donateurs ; — les versements collectifs ; — les collectes faites dans les réunions publiques ; — enfin, le produit important de la vente de la ballade dont il était parlé tout à l'heure.

Parmi les dons, beaucoup proviennent de membres fondateurs ; — d'autres sont inscrits au nom de ces habitants de Paris, qui, demeurant accessibles à tous les appels, ne se souvenaient de leur fortune que pour alléger les innombrables misères dont ils étaient témoins ; — d'autres enfin constituent l'offrande modeste et si précieuse de Bretons à qui le sentiment de la vraie fraternité faisait en quelque sorte trouver le superflu au milieu des privations les plus dures, pour venir à l'aide de compatriotes plus malheureux encore !

Quant aux dons collectifs, nous les devons à des groupes de marins ou d'officiers de mobiles. — L'un de ces dons est parvenu après le siége, envoyé par l'équipage d'un bâtiment de l'État qui, lui aussi, prenait part aux opérations de guerre sur un autre élément. — C'est la solidarité des armes. — Le Comité est heureux de rendre ici hommage à la marine. — Elle lui a donné les plus nombreux souscripteurs, montrant ainsi que les sentiments généreux sont toujours alliés au vrai courage.

Pourrions-nous passer sous silence un don de 1,000 francs, envoyé dès les premiers jours de l'armistice par le digne évêque de l'un des diocèses bretons, avec l'offre spontanée de doubler la somme si cela était nécessaire. — Une partie de cet envoi à pu être consacrée aux mobiles convalescents, selon le vœu du donateur. — L'autre sera distribuée aux familles bretonnes privées par la guerre de leurs uniques soutiens.

---

dames bretonnes. En outre, comme nous l'avons déjà dit, plusieurs des membres de la Société ont distribué libéralement des dons en argent et en nature, dont ils ont désiré qu'il ne fût pas tenu compte.

Chaque versement a donné lieu à la délivrance d'un reçu tiré d'un registre à souche et signé par le trésorier. — Il était reporté sur un grand livre et un livre de caisse. — Ces documents justificatifs de nos recettes ont été tenus dans les formes de la comptabilité la plus scrupuleuse, et c'est une grande satisfaction pour le Comité de pouvoir dire que la gestion financière de la Société ne le cède en rien à celle des administrations les plus sévères, des maisons de commerce les plus recommandables.

Cette comptabilité, accessible à tous, est déposée aux archives de la Société chez le président.

III

Des Dépenses.

Les dépenses se montent au chiffre de 9,142 fr. 45 c.

Elles sont toutes justifiées par des factures ou des bons réguliers déposés avec les autres archives chez le président. — Le tableau B en indique le détail et la classification par nature d'emploi. Ce tableau est le meilleur exposé que le Comité puisse donner de sa gestion et de ses efforts pour administrer économiquement tout en assurant une bonne répartition de l'assistance matérielle de la Société. — Les approvisionnements de toute sorte ont été distribués exclusivement par les membres visiteurs et interprètes. — Il en a été de même des objets de lainage, vins, etc., reçus en nature et qui figurent en un article distinct sur l'état des recettes.

Malgré la sévère économie que le Comité s'était imposée dans toutes ses dépenses et particulièrement dans celles des frais généraux, ceux-ci ont atteint un chiffre relativement assez élevé. — Mais il faut tenir compte des difficultés d'organisation d'une Société improvisée sous le coup des événements et qui devait fonctionner sans délai, dans des condinons toutes nouvelles. — Les frais d'impression devaient être considérables, puisque c'est au moyen d'imprimés que s'établissaient les relations entre les ambulances, les visiteurs et le Comité. — La publicité était également indispensable pour faire connaître l'Association et lui amener des souscriptions et des dons.

Il est juste enfin d'ajouter que beaucoup de ces dépenses se trouvent en recette sous la forme de dons anonymes à la Société.

IV

Du Restant en caisse.

La somme de 1,181 fr. 50 c. que la balance des recettes et des dépenses fait ressortir en crédit, va être consacrée sous peu de jours aux envois d'argent, à destination des familles bretonnes les plus éprouvées pendant le siége. — Le Comité aurait voulu donner le relevé de ces envois, mais il n'était pas possible de retarder plus longtemps la publication du présent rapport. — Le Président se chargera de faire les démarches nécessaires pour réaliser ces dernières intentions de la Société bretonne.

V

En terminant ce compte rendu, qu'il nous soit permis de faire ressortir ici le côté philosophique de l'œuvre à laquelle vous vous êtes associés avec tant d'empressement.

Sous la pression de nos désastres, un rapprochement instantané s'est opéré, dans un but d'assistance morale, entre personnes de tous états ou conditions, jusque-là étrangères les unes aux autres. Cet isolement a cessé devant la pensée féconde d'une commune origine et de devoirs à accomplir envers les enfants d'une même branche de la famille française alors aux prises avec les dangers et les périls pour le salut de la patrie.

Les Bretons de Paris, — qu'ils en soient fiers, que ce bon souvenir se perpétue parmi eux et trouve un écho persistant sur la terre armoricaine, — les Bretons de Paris ont montré pendant le premier siége le salutaire exemple d'une véritable solidarité fraternelle.

Alors que, dans un admirable élan de charité, la population parisienne concentrait tous ses efforts pour soulager les souffrances physiques des blessés et des malades qui remplissaient les hôpitaux et les ambulances, la Société bretonne a inauguré l'*assistance morale* (1). Elle s'est adressée presque exclusivement au cœur et à l'esprit, comprenant tout ce que l'intervention affectueuse d'un compatriote, à défaut des soins de la famille, peut avoir de bienfaisant au jour de la maladie ou de la souffrance.

Cet exemple a porté immédiatement ses fruits. L'impulsion était donnée. Chaque jour a vu se constituer parmi les personnes originaires d'autres parties de la France, Normands, Ardennais, Meusiens, Méridionaux, etc., des sociétés analo-

---

(1) *Extrait des instructions adressées aux membres visiteurs par le Comité breton.*

La Société bretonne d'assistance aux blessés et aux malades ne s'est point proposé de fonder des ambulances consacrées exclusivement ou en partie à ses compatriotes des cinq départements de la Bretagne qui servent comme soldats, gardes mobiles, marins, douaniers, gardes nationaux, etc.

Son but est d'assister moralement les Bretons, dans quelque ambulance qu'ils se trouvent et de leur procurer les menus objets dont la possession ou l'usage est pour eux un adoucissement à leurs souffrances.

A cet effet, la Société délègue, pour parcourir les ambulances et y rechercher les Bretons, ceux de ses membres qui veulent bien accepter cette mission de dévouement.

gues à la nôtre, poursuivant le même but, mais dont quelques-unes s'occupaient en même temps de politique, ce que nous nous étions interdit d'un commun accord.

En donnant plus particulièrement leurs soins à leurs congénères qui combattaient tous sous le même drapeau national, ces groupes n'en attestaient pas moins l'impérissable unité française, faisceau composé d'éléments si divers, mais indissolublement lié par la communauté des sentiments et des idées, des gloires et des épreuves.

Pourquoi faut-il que deux de nos provinces les plus glorieuses, mais, hélas ! les plus menacées dès le début, aient été arrachées violemment de ce faisceau, malgré la sanglante résistance à laquelle la Bretagne a pris la large part que lui dictait son attachement à la patrie envahie !

Conservons l'espérance que les membres de l'Association bretonne, aussi bien que les membres des sociétés de même nature auxquelles le siége de Paris a donné naissance, se souviendront toujours du bien qu'il leur a été donné de faire ensemble.

Ce rapprochement des esprits sera durable, il n'en faut pas douter. Qu'il efface les préventions et fortifie l'estime mutuelle ; qu'il soit ainsi profitable à la Bretagne, à la France, en qui se confondent nos affections patriotiques et nos aspirations vers un avenir meilleur.

A Paris, le 25 août 1871.

Pour le Comité breton :

L'un des Secrétaires,
A. Le Beau (Loire-Inférieure).

Le Secrétaire général,
L. Le Prédour (Finistère).

Le Président,
Mis De Plœuc (Finistère).

SOCIÉTÉ BRETONNE D'ASSISTANCE
aux Blessés et aux Malades
PENDANT LE SIÉGE DE PARIS.

TABLEAU A.

État présentant les recettes en argent et en nature effectuées par l'Association.

1° Recettes en argent.

Souscriptions de 300 *membres fondateurs* (1). . . .	3,060 fr.	»
Dons individuels.	5,420	95
Dons collectifs.	659	30
Collectes aux réunions publiques de la Société. . .	401	50
Ventes de la ballade « le *Breton au siége de Paris.* » .	782	20
Total des recettes en argent . . .	10,323 fr.	95
Report des dépenses détaillées au tableau B ci-après.	9,142	45
Reste en caisse	1,181 fr.	50

2° Recettes en nature.

Couvertures de laine	25
Paires de chaussettes (laine et coton).	36
Paires de bas de laine.	4
Gilets de flanelle (blanche ou de couleur).	136
Chemises de flanelle.	20
Gilets de laine tricotée	14
Paires de moufles ou gants fourrés	20
Passe-montagnes	30
Bouteilles de vins fins (Malaga, Frontignan, Bourgogne, Bordeaux)	34

---

(1) Les membres fondateurs se répartissent ainsi qu'il suit, d'après leurs départements d'origine :

Ille-et-Vilaine	66
Côtes-du-Nord.	42
Finistère	80
Morbihan	71
Loire-Inférieure	41
	300

SOCIÉTÉ BRETONNE D'ASSISTANCE

aux Blessés et aux Malades

PENDANT LE SIÉGE DE PARIS.

TABLEAU B.

État présentant par nature d'emploi les dépenses de la Société.

§ 1. — *Dépenses faites par le Comité pour le service de l'Association.*

	fr. c.		
1° Location de salles pour les réunions publiques.	30 »		
2° Frais de publicité, circulaires, convocations, placards, impression de de poésies (ballade, etc.)	518 50		
3° Frais d'impression pour le service des visiteurs, cartons, fiches individuelles, feuilles de visite, livrets des ambulances, instructions pour les visiteurs.	587 20		
4° Fournitures de bureau, chauffage, éclairage.	111 80	1,569 95	1,569 95
5° Frais de voiture (comité, visiteurs, interprètes, etc.), omnibus, menus frais.	48 60		
6° Salaires, hommes de peine, commissionaires, frais d'écritures pour répertoires, etc.	218 50		
7° Timbres-poste, affranchissement de lettres, de circulaires, de convocations.	55 35		
A reporter.		1,569 95	1,569 95

§ 2. — *Achats généraux effectués par le Comité pour les distributions aux Bretons visités.*

VÊTEMENTS.

Report.			1,569 95	1,569 95
1° Chaussettes laine ou coton (1,100 paires).		1,744 70		
2° Flanelle pour gilets et ceintures — Achat de flanelle . . .	1,256 50			
Confection de 264 gilets.	192 40			
	1,448 90			
3° Gilets de flanelle confectionnés (372 gilets) . . .	1,135 75	2,584 65		
4° Caleçons de laine (264 caleçons). .		1,107 »		
5° Gants, moufles, passe-montagnes (104 paires ou objets).		175 »		
6° Cache-nez (240).		155 50		
7° Bonnets de laine (784 doubles ou simples).		540 »		
8° Mouchoirs de poche (78 mouchoirs)		36 85		
			6,343 70	
ALIMENTS LÉGERS, ARTICLES DIVERS.				
1° Chocolat et confitures		358 40		
2° Vins fins		34 50		
3° Médicaments, bains, pharmacie. .		22 »		
4° Tabac en paquets		77 50		
			492 40	6,836 10
A reporter.			8,406 05	8,406 05

§ 3. — *Dépenses faites directement par les membres visiteurs et remboursées par le Comité.*

Report.		8,406 05	8,406 05
1° Achats d'effets de lainage (gilets, caleçons, cravates, etc.)	89 60		
2° Achats de tabac, cigares, pipes, etc.	130 65		
3° Secours en argent, achats de jeux, papier, etc.	431 80	736 40	736 40
4° Affranchissement de lettres, dons de timbres-poste, etc	46 45		
5° Achats funéraires (couronnes, croix, etc.).	37 90		
Total des Dépenses.		9,142 45	9,142 45

SOCIÉTÉ BRETONNE D'ASSISTANCE
aux Blessés et aux Malades
PENDANT LE SIÉGE DE PARIS.

TABLEAU C.

État présentant, par département d'origine, le nombre des militaires, mobiles, marins, etc., visités dans les hôpitaux et ambulances par les membres visiteurs et interprètes, et au nom desquels des fiches individuelles ont pu être établies.

DÉPARTEMENTS.	MALADES.	BLESSÉS.	DÉCÉDÉS.	TOTAL.
Ille-et-Vilaine	490	148	60	707
Côtes-du-Nord	563	128	62	753
Finistère.	758	171	49	978
Morbihan	584	146	55	785
Loire-Inférieure	179	60	29	268
Sans indications suffisantes	»	»	»	1,067
	2,583	653	255	4,558

Paris-Imp. PAUL DUPONT, 41, rue Jean-Jacques-Rousseau. (3069.10.1.)

www.ingramcontent.com/pod-product-compliance
Ingram Content Group UK Ltd.
Pitfield, Milton Keynes, MK11 3LW, UK
UKHW022202190726
13855UKWH00004B/1583

9 782013 241069